H E
L O
W A ꙅ
L I K E

LAVENDER

by Laura Chouette

WIDMUNG

Für das Mädchen,

das sich in fremde Welten träumt

und das in jedem noch so kleinem Moment

 ein Stück Ewigkeit findet;

Dieses Buch ist für dich.

INHALT

HER LOVE
WAS LIKE LAVENDER
DELICATE &
MELANCHOLY.

Kapitel 1

Zitate & Gedichte

aus meinen Büchern

Liebe macht süchtig.

Und jeder weiß, dass uns jede

Sucht am Ende zerstört.

– Laura Chouette

Und jedes Mal

wenn wir uns verlieben,

verlieren wir ein Stück

von uns selbst.

– Laura Chouette

Ich hätte die Ewigkeit

mit beiden Händen

umfangen können,

so glücklich war ich

in seiner Nähe.

– Laura Chouette

Die Erinnerungen im Herzen

sind am schwersten

zu vergessen.

– Laura Chouette

Wie lange muss man schweigen,

bis man endlich gehört wird?

– Laura Chouette

My love is like a lonely light

wandering through the darkness

searching for a home.

– Laura Chouette

Hope is like that pale orange light

shimmering on the horizon

in this early morning hours;

And like the stars

in the lonely night sky

with no place to go

when dusk falls.

– Laura Chouette

Her love

was like

lavender,

delicate & melancholy.

Laura Chouette

Am Ende zerstören

wir uns selbst,

mit unseren

eigenen Gedanken.

Laura Chouette

Auch wenn es tausend

 Gründe gibt zu gehen,

wegen dir allein

würde ich bleiben.

– *Laura Chouette*

Deine Berührungen verblassen

 auf meiner Haut,

wie Aquarell auf Papier.

– *Laura Chouette*

Wir fragen nach

der Unendlichkeit

und verpassen den Moment.

– Laura Chouette

Wir geben den falschen

Menschen eine zweite

Chance, während die

richtigen auf ihre erste

warten.

– Laura Chouette

Wie viele besondere

Menschen hättest du nie

kennengelernt, wenn es

nicht einen Abschied

von einem anderen

gegeben hätte?

– Laura Chouette

Manche Menschen sind
wie Streichhölzer

sie brennen nur
um anderen Licht zu geben.

– Laura Chouette

Zuhause ist kein Ort,

sondern das Gefühl

bei dem richtigen Menschen zu
sein.

– Laura Chouette

*Die schweigende Ewigkeit scheint wie
ein endloser Ozean aus Zeit.*

*Wir verlieren irgendwann das Fest-
land in der Ferne eines Augenblicks
und treiben im nächsten flüchtigen
Moment ziellos umher.*

*Und das schwarze Wasser das uns
umgibt ist eisig und schmeckt nach
Vergänglichkeit.*

*Zu bitter, um davon zu trinken oder
daraus Hoffnung zu schöpfen. Unsere
Gedanken verlieren sich an irgendei-
nem Punkt in der Ferne.*

*Manche von uns glauben ein Licht am
graue Horizont zu erblicken, aber die
leere Hoffnung einer Unendlichkeit ist
alles was sie schlussendlich sehen.*

Wir sind allein hier draußen.

Die Vergangenheit besteht aus Erinnerungen,

die Gegenwart aus Momenten

und die Zukunft aus Träumen.

– *Laura Chouette*

Das Herz hängt an etwas,

das der Verstand schon lange losgelassen hat.

– *Laura Chouette*

Manche Geheimnisse sind
zu groß für unsere kleinen Herzen.

Deshalb erzählen wie sie.
Nicht, weil wir es wollen
sondern weil wir es müssen.

Wenn wir es nicht tun,
würden wir daran zerbrechen.

– Laura Chouette

Kapitel 2

Sprüche über Liebe & zum Nachdenken

MOMENTE WERDEN
ERST UNBEZAHLBAR,
WENN SIE ZU
ERINNERUNGEN WERDEN.

*DIE SCHÖNSTEN MOMENTE
SIND DIE, IN DENEN DAS HERZ
NICHT AUS GEWOHNHEIT
SCHLÄGT, SONDERN
AUS LIEBE.*

LIEBE IST,
WENN DICH
EINE PERSON
GLÜCKLICHER
MACHT ALS
ALLE ANDERE
ZUSAMMEN.

MANCHMAL MÜSSEN
SICH MENSCHEN
VON EINANDER
ENTFERNEN, UM ZU
SPÜREN, WIE SEHR
SIE EINANDER
BRAUCHEN.

- DU WIRST
NIE DEN RICHTIGEN
MENSCHEN FINDEN,
WENN DU DICH NICHT
VON DEM FALSCHEN
TRENNST.

WIR LIEBEN DIE,
DIE UNS ZERSTÖREN
UND ZERSTÖREN
DIE, DIE UNS LIEBEN.

MANCHMAL
VERABSCHIEDET
MAN SICH,
OHNE ES ZU MERKEN.

WIR VERLIEREN UNS SELBST,

WENN WIR JEMAND ANDEREN VERLIEREN.

IRGENDWANN HÖREN WIR AUF

ZU WARTEN UND FANGEN AN

ZU VERGESSEN.

ZU OFT VERGEBEN WIR, NUR UM

JEMANDEN NICHT ZU VERLIEREN.

WIR SIND VERANTWORTLICH FÜR DAS,

WAS WIR TUN, ABER AUCH FÜR DAS,

WAS WIR NICHT TUN.

OB WIR DEN SCHÖNSTEN
TAG IN UNSEREM LEBEN
SCHON ERLEBT HABEN?

IRGENDWANN KOMMT DIE
ZEIT, IN DER MOMENTE DIE
GRÖSSTEN GESCHENKE SIND.

DIE BESONDEREN MOMENTE
IN UNSEREM LEBEN MACHEN
AUS, WER WIR WIRKLICH SIND.

VIELLEICHT

BRAUCHEN WIR

IM LEBEN

MANCHMAL EINE

ZWEITE CHANCE,

WEIL DIE ERSTE

VIEL ZU

FRÜH KAM.

Du kannst jedem

eine zweite Chance geben

Du kannst aber auch

loslassen und dir selbst eine

bessere Chance geben

Erfahrung bedeutet nichts

jeder kann jahrelang

etwas falsch machen

ohne es zu merken

DER MENSCH, DER ES WERT

GEWESEN WÄRE IHN FESTZUHALTEN,

HÄTTE NIE LOSGELASSEN.

DINGE LOSZULASSEN,

BEDEUTET NICHT SIE LOSZUWERDEN,

SONDERN DAS MAN SIE SEIN LÄSST.

JE WENIGER WIR SPRECHEN,

DESTO MEHR DENKEN ANDERE

ÜBER UNSERE WORTE NACH.

DAS PROBLEM

IST NICHT DAS VERZEIHEN,

SONDERN DEN MENSCHEN

WIEDER ZU VERTRAUEN.

*UND WENN ICH DICH
NACH ALL DEN
DINGEN FRAGE,
DIE DU LIEBST,
WIE LANGE WÜRDE
ES DAUERN, BIS
DU DICH SELBST
NENNST?*

NIMM DIR NUR DAS ZU
HERZEN, DAS VON HERZEN
KOMMT.

LERNE AUS DER VER-
GANGENHEIT, ABER
MACH SIE NICHT ZU
DEINER GEGENWART.

WIE SOLLEN WIR AUS
FEHLERN LERNEN,
WENN WIR KEINE
MACHEN DÜRFEN?

WIR MÜSSEN AUFHÖREN ZU
DENKEN, DASS ES NUR EINE
ART VON SCHÖNHEIT GIBT.

UNERWARTETE MOMENTE
KÖNNEN DIE SCHÖNSTEN
SEIN, ALLERDINGS AUCH
DIE SCHLIMMSTEN.

WENN DU EINEN

MENSCHEN WIRKLICH LIEBST,

WIRST DU IMMER

DEN EINEN GRUND

SUCHEN, UM ZU BLEIBEN.

WIR SOLLTE

UNS NICHT

IN WORTE,

SONDERN

IN TATEN

VERLIEBEN

MANCHMAL

IST EIN ABSCHIED

EINE ZWEITE CHANCE.

FAST ALLES KANN AN EINEM TAG
PASSIEREN. AUSSER VERGESSEN,
DENN DAS DAUERT EWIG.

———————————

WIR HABEN IMMER DIE WAHL.
WIR KÖNNEN AN ETWAS
ZERBRECHEN ODER AN
ETWAS WACHSEN.

Das Problem ist

wir denken

wir hatten noch

genug Zeit

Die

wertvollsten Dinge

sind diejenigen die wir

nicht sehen

DU WIRST

NIEMALS

EINEN

PERFEKTEN

MENSCHEN

FINDEN, ABER

EINEN, MIT

DEM ES SICH

PERFEKT

ANFÜHLT.

*LIEBE IST NICHT,
JEMANDEN FESTZU-
HALTEN, SONDERN IHM
DIE FREIHEIT ZU GEBEN,
BLEIBEN ZU WOLLEN.*

*SOBALD DU DEINE
EIGENEN FEHLER
AKZEPTIERST, KANN SIE
NIEMAND MEHR GEGEN
DICH VERWENDEN.*

*-DIE ZEIT VERÄNDERT
GEFÜHLE UND GEDANKEN.
WAS SIE ABER NICHT
VERÄNDERN KANN, SIND
ERINNERUNGEN.*

UNERWARTETE MOMENTE
KÖNNEN DIE SCHÖNSTEN
SEIN, ALLERDINGS AUCH
DIE SCHLIMMSTEN.

WENN WIR ETWAS
WIRKLICH WOLLEN,
WIRD DER WILLE
IRGENDWANN GRÖSSER SEIN
ALS DIE ANGST.

WENN DU IRGENDJEMAND
SEIN KÖNNTEST, WÜRDEST
DU DICH SELBST WÄHLEN?

WAS DAS LEBEN
DIR AUCH IMMER NIMMT,
LASS ES LOS.

WIR HABEN ZWEI TAGE IN
UNSEREM LEBEN, DIE NICHT
24 STUNDEN LANG SIND.
GENIESSE DIE ZEIT DAZWISCHEN.

W

ES GIBT
JAHRE,
DIE FRAGEN
STELLEN;
UND
JAHRE, DIE
ANTWORTEN.

Das Leben ist

nicht nur grau

Wir sind oft

nur farbenblind

Ich liebe dich

zu sagen

dauert Sekunden

aber es zu beweisen

ein Leben lang

WENN DU JEMANDEN
DAVON.ÜBERZEUGEN MUSST,
DASS ER BEI DIR BLEIBT,
DANN LASS IHN GEHEN.

GEFÜHLE KANN MAN
NICHT BEWEISEN,
MAN MUSS SIE SPÜREN.

FRAG NICHT NACH
DEM SINN DES
LEBENS, GIB IHM EINEN.

WE ALL HAVE UGLY PARTS
MY DEAR, THAT IS WHAT
MAKES US BEAUTIFUL.

YOU WILL BE EVERYTHING

TO THE RIGHT SOMEONE.

UND OFT FRAGE ICH MICH,

OB ERINNERUNGEN ETWAS SIND,

DAS MAN BESITZT ODER

DAS MAN VERLOREN HAT.

TRÄUME ZEIGEN UNS
, WIE UNERREICHBAR
NAH ALLES IST.

TO BE BRAVE IS
TO LOVE SOMEONE
WITHOUT EXPECTING
ANYTHING IN RETURN.

ICH BRAUCHE KEINEN MENSCHEN, DER GROSSE VERSPRECHEN MACHT, SONDERN JEMANDEN, DER SEINE KLEINEN VERSPRECHEN HÄLT.

ZEIT BEDEUTET NICHTS,

WENN SICH ZWEI

MENSCHEN ALLES BEDEUTEN.

———————————

MENSCHEN, DIE MAN LIEBT,

LASSEN SICH NICHT ERSETZEN.

DAS DARFST DU NIE VERGESSEN.

———————————

IM LEBEN GIBT ES

MEHR ALS NUR DEN

AUGENBLICK ZU SEHEN.

Manchmal müssen wir

einen Menschen verlassen

um ihn zu finden

Alles im Leben

hat einen Sinn

Manchmal brauchen

wir ein wenig Abstand

um ihn zu erkennen

TRÄUME GEBEN UNS DIE KRAFT, DORT WEITER ZU MACHEN, WO DIE HOFFNUNG.AUFHÖRT.

KEINE ENZFERNUNG DER WELT KÖNNTE MEIN HERZ VON DEINEM TRENNEN

JEDER MENSCH, DEN WIR GELIEBT HABEN, HAT UNS ZWEIMAL VERÄNDERT. ALS ER KAM UND ALS ER GING.

Manchmal wünschte ich

mir, dass ich manche

Momente noch einmal

fühlen könnte.

DAS LEBEN IST KURZ.
ABER ES IST DENNOCH
DAS LÄNGSTE, WAS UNS
JE PASSIEREN WIRD.

GANZ EGAL, WAS
PASSIERT UND
WIE TIEF DU FÄLLST,
DU DARFST NIE
VERGESSEN, WER DU BIST.

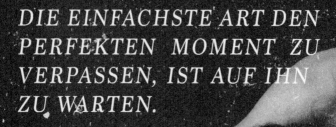

DIE EINFACHSTE ART DEN
PERFEKTEN MOMENT ZU
VERPASSEN, IST AUF IHN
ZU WARTEN.

MANCHMAL IST DER
WICHTIGSTE SATZ DER,
DEN WIR WEGLASSEN.

VIELLEICHT SCHAFFE
ICH ES NICHT, DIR AUF-
ZUHELFEN, ABER ICH
WÜRDE MICH
NEBEN DICH LEGEN.

———————————

ALLES IM LEBEN
IST IMMER DAS,
WOZU WIR ES
SELBST MACHEN.

———————————

NICHT DIE SCHÖNHEIT
ENTSCHEIDET, WEN WIR
LIEBEN, SONDERN DIE LIEBE
ENTSCHEIDET, WEN WIR
SCHÖN FINDEN.

Wir sollten nicht

zu viel nachdenken

Wenn es sich gut anfühlt

dann ist es das meistens auch

Wenn du zuruckblickst

macht dich das klug

aber nicht glucklich

DIE ZEIT

HEILT KEINE

WUNDEN.

NUR DIE

RICHTIGEN

MENSCHEN

KÖNNEN DAS.

ENTTÄUSCHUNGEN

TUN WEH, DOCH

SIE MACHEN EINEN

MIT DER ZEIT

STÄRKER.

JEDER VERDIENT

EINEN MENSCHEN,

DER EINEN VERGESSEN

LÄSST, DASS SEIN HERZ

EINMAL GEBROCHEN WAR.

WÜRDEST DU ETWAS
PERFEKTES ZERSTÖREN,
NUR UM ES ZU DEINEM
ZU MACHEN?

NUR WER EINE ZUKUNFT
HAT, REDET NICHT ÜBER
SEINE VERGANGENHEIT.

LIEBE ENDET, WENN
MAN NICHT MEHR WEISS,
WIE ES IST, ZU VERMISSEN.

VERÄNDERUNGEN KÖNNEN

SCHMERZHAFT SEIN.

ABER NICHT SO SEHR,

WIE DORT ZU BLEIBEN,

WO MAN NICHT

HINGEHÖRT.

Liebe ist nur

ein Wort

aber wir selber

definieren es

Wir können niemals

jemanden vergessen

der uns einen Grund

zum Lächeln

gegeben hat

MANCHMAL MUSST DU VER-GESSEN, WAS DU FÜHLST UND NUR DARAN DEN-KEN, WAS DU VERDIENST.

WENN SIE OHNE GRUND GEHEN, HAST DU AUCH KEINEN GRUND, UM SIE FESTZUHALTEN.

EIN MENSCH KANN NUR DANN DEIN LEBEN VERÄNDERN, WENN DU IHM DIE CHANCE DAZU GIBST.

DAS LEBEN IST KURZ.
ABER ES IST DENNOCH
DAS LÄNGSTE, WAS UNS
JE PASSIEREN WIRD.

WAS IM HERZEN ERINNERUNGEN

HINTERLÄSST, KANN

NICHT VERGESSEN WERDEN.

LIEBE IST,

WENN

WIR TROTZ

DER FERNE

DIE NÄHE

SPÜREN.

ERFAHRUNGEN
SIND DIE SUMME ALLER FEH-
LER, DIE WIR IN UNSEREM
LEBEN GEMACHT HABEN.

LASS NICHT ZU, DASS DER LÄRM
FREMDER MEINUNGEN DEINE
EIGENE INNERE STIMME ÜBERTÖNT.

DU HAST KEINE ANGST, DIE FAL-
SCHEN FRAGEN ZU STELLEN,
DU HAST ANGST, DIE FALSCHEN
ANTWORTEN ZU BEKOMMEN.

WER SICH SELBER FINDEN MÖCHTE, DARF ANDERE NICHT NACH DEM WEG FRAGEN

NUR WEIL ES VIELE TUN, MUSS ES NICHT RICHTIG SEIN UND NUR WEIL ES WENIGE TUN, MUSS ES NICHT FALSCH SEIN.

OFT VERLIEREN WIR DAS GUTE, WENN WIR DAS BESSERE SUCHEN.

LOSLASSEN, WO WIR FESTHALTEN MÖCHTEN. WEITERGEHEN, WO WIR STEHEN BLEIBEN WOLLEN. DAS SIND DIE SCHWIERIGSTEN AUFGABEN.

Schlimmer als der
Gedanke an Momente
die passiert sind
ist der Gedanke an
Momentedie nie
passieren werden

Wir haben keine Angst

davor geliebt zu werden

sondern

dass es nicht echt ist

JEDER
VON UNS IST FÜR
IRGENDEINEN MENSCHEN
PERFEKT

*IRGENDWANN KOMMT MAN
AN DEN PUNKT, AN DEM MAN
EINFACH LOSLASSEN MUSS.*

---

*WAS WÜRDEST DU VER-
SUCHEN, WENN DU VOR
NICHTS ANGST HÄTTEST?*

EIFERSUCHT
IST DIE ANGST,
MIT JEMAND ANDEREM
VERGLICHEN ZU WERDEN.

WENN DU JEMANDEM
HINTERHER LÄUFST,
KOMMST DU IMMER
EINEN SCHRITT ZU SPÄT.

NICHTS WIRD DICH
JE GLÜCKLICH MACHEN,
BIS DU DICH
ENTSCHEIDEST,
GLÜCKLICH ZU SEIN.

JE WICHTIGER DIR EIN MENSCH WIRD, DESTO STÄRKER WIRD DIE ANGST, IHN WIE DER LOSZULASSEN.

VERZEIHEN KÖNNEN WIR NUR IM HERZEN, ABER ES BEGINNT MIT EINER ENTSCHULDIGUNG.

Es schmerzt

wenn Menschen von

uns Abstand nehmen

die uns alles bedeuten

Jeder sollte einen Menschen

in seinem Leben haben

der ihm dabei hilft

sich auf morgen zu freuen

WIR SIND WIE RADIERGUMMIS. DURCH FEHLER WERDEN WIR IMMER KLEINER.

WIR SCHAFFEN ES NIE, UNSERE MASKEN GANZ ABZULEGEN.

MANCHMAL VERGESSEN WIR DIE ERINNERUNGEN, ABER NICHT DIE PERSON.

WOHIN MIT MEINEN GEDANKEN, WENN ICH SIE NICHT DENKEN MÖCHTE?

WIR HABEN

KEINE ANGST

VOR DER LIEBE. WIR

HABEN ANGST, NICHT

ZURÜCKGELIEBT

ZU WERDEN.

EINEN MENSCHEN
KRITISIEREN KANN JEDER.
IHN SO ANZUNEHMEN,
WIE ER IST, KÖNNEN
NUR WENIGE.

DIE FRAGEN
WERDEN NUR NOCH
AUS ANGST, ETWAS
ZU VERPASSEN,
GESTELLT.

MANCHMAL

SIND WIR BLIND,

WENN ES UM

MENSCHEN GEHT,

DIE WIR LIEBEN.

WIR ALLE HABEN CHANCEN.
WIR MÜSSEN SIE NUR NUTZEN.

Wo unsere Liebe

auch hinfallt

dort stehen wir

wieder auf

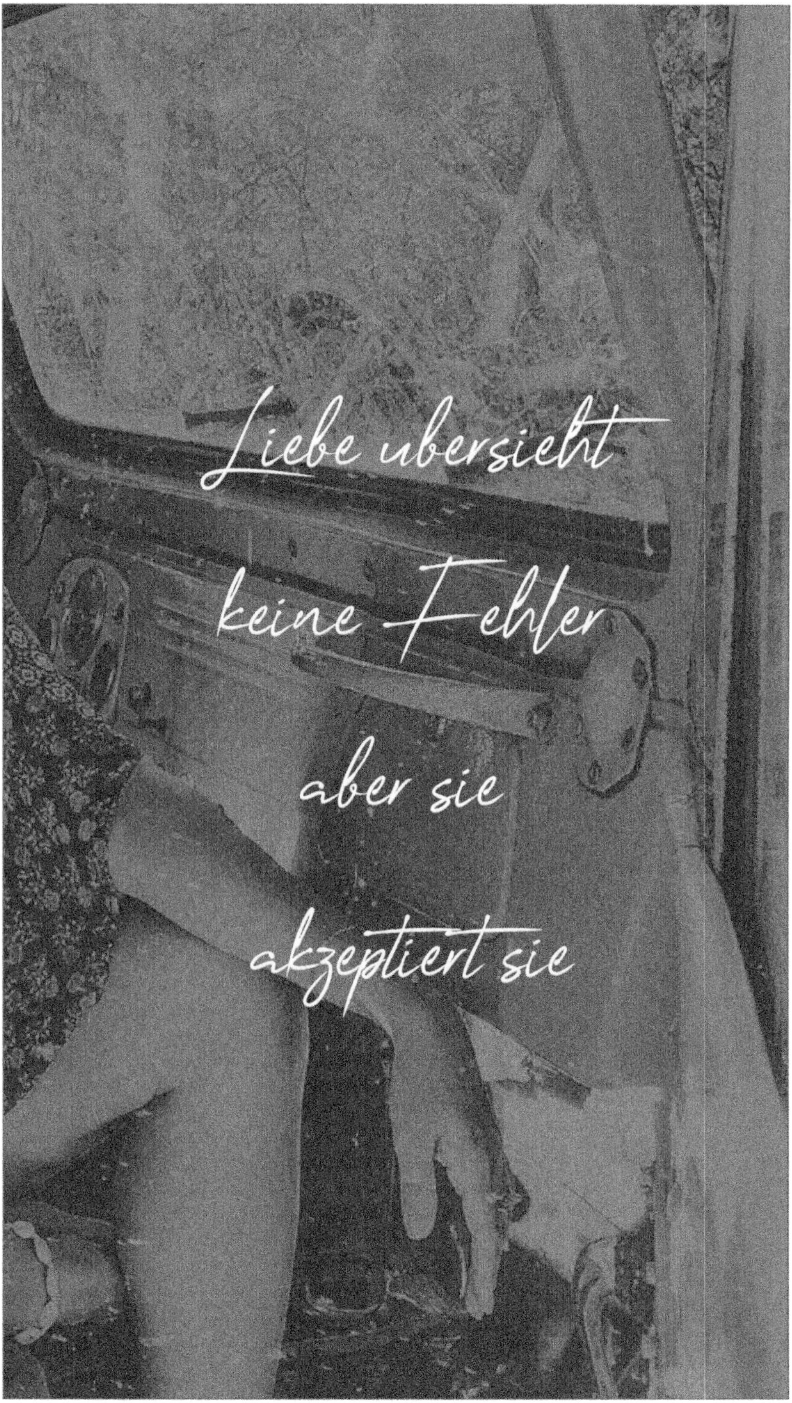
Liebe ubersieht
keine Fehler
aber sie
akzeptiert sie

ENTWEDER WIR HALTEN
AUS LIEBE FEST,
ODER WIR LASSEN
AUS LIEBE LOS.

NUR WENIGE HABEN DAS GLÜCK,
DIE MENSCHEN ZU LIEBEN,
DIE AUCH SIE LIEBEN.

~~~~~~~~~~~

WUNDER GESCHEHEN DANN,
WENN WIR UNSEREN TRÄUMEN
MEHR AUFMERKSAMKEIT SCHENKEN
ALS UNSEREN ÄNGSTEN.

SIND ES DIE WORTE,

DIE UNS VERLETZEN

ODER DIE GEDANKEN,

DIE WIR UNS DAZU MACHEN?

———————————

WIR HÖREN NIE AUF,
EINEN MENSCHEN ZU LIEBEN.
WIR LERNEN NUR,
OHNE IHN WEITER ZU LEBEN.

———————————

VIELLEICHT WAREN WIR
EINFACH IN DAS GEFÜHL
VERLIEBT, VERLIEBT ZU SEIN.

DIE MEISTEN MENSCHEN
MERKEN NICHT, WAS DIE
ZEIT AUS IHNEN MACHT.

DU LIEBST JEMANDEN
WIRKLICH, WENN ER DIR
DAS HERZ BRICHT UND DU
IHN DENNOCH NICHT HASST.

DIE DINGE, DIE WIR
LIEBEN, MACHEN UNS ZU DEM
MENSCHEN, DER WIR SIND.

JEMANDEM

DEIN HERZ

ZU ÖFFNEN,

MACHT DICH

VERLETZLICH.

ABER ES NICHT

ZU TUN, MACHT

DICH EINSAM.

Einige der schönsten Tage in unserem Leben sind noch nicht eingetroffen

Manchmal sind

Trennungen auch gut

Denn so ist mehr

Platz fur

die Richtigen

MANCHE MENSCHEN
GEBEN UNS HALT, OHNE
UNS FESTZUHALTEN.

WIR LÜGEN AUS VIE-
LEN GRÜNDEN, ABER
NIEMALS OHNE GRUND.

WIR SOLLTEN LERNEN ZU
WARTEN. DENN ENTWE-
DER ÄNDERN SICH DIE
DINGE ODER UNSER HERZ.

WENN WIR UNS FALLEN
LASSEN, KÖNNEN WIR
SEHEN, WER UNS AUFFÄNGT.

DIE

MEISTEN WORTE

BLEIBEN UNS

NICHT IM

HALS STECKEN,

SONDERN

IM HERZEN.

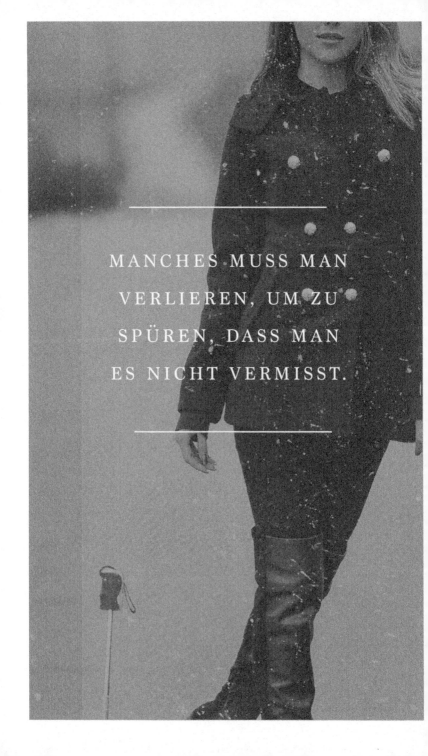

MANCHES MUSS MAN
VERLIEREN, UM ZU
SPÜREN, DASS MAN
ES NICHT VERMISST.

GLAUBE NICHT ALLES,

WAS DU DENKST,

ABER ALLES,

WAS DU FÜHLST.

WENN WIR ZU OFT ZURÜCK-
SCHAUEN, ÜBERSEHEN WIR
DIE SCHÖNEN DINGE, DIE
VOR UNS LIEGEN.

ICH WÜNSCHTE,
DU HÄTTEST MEINE GEFÜHLE
FÜR DICH MITGENOMMEN,
ALS DU GEGANGEN BIST.

DIE WAHRHEIT ERKENNT MAN
NICHT AN SCHÖNEN WORTEN,
SONDERN AN LEISEN TATEN.

ES SCHMERZT, WENN MAN
EINEN MENSCHEN IN SEINEM
HERZ HAT, ABER NICHT
IN SEINEN ARMEN.

WIR VERLIEREN NIEMALS
UNSERE STÄRKEN.
WIR VERGESSEN NUR,
DASS WIR SIE HABEN.

KÄMPFE UM DEN,
DER DICH LIEBT. ABER NICHT,
DASS ER DICH LIEBT.

Es ist nicht

dein Gesicht

oder dein Körper

der dich perfekt macht

sondern dein Herz

Manchmal lasst

man jemanden gehen

und bekommt sich

selbst zuruck

TAUSEND GRÜNDE GEHABT,
UM ZU GEHEN, DOCH IMMER
EINEN GEFUNDEN, UM ZU
BLEIBEN.

NICHT, WAS WIR ERLEBEN,
SONDERN WAS WIR FÜHLEN,
WÄHREND WIR ERLEBEN,
MACHT UNSER SCHICKSAL AUS

WIR SCHWEIGEN
IMMER BEI DEN MENSCHEN,
DENEN WIR AM MEISTEN
ZU SAGEN HABEN.

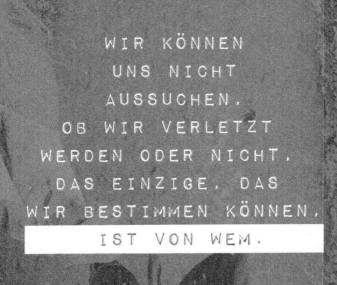

WIR KÖNNEN
UNS NICHT
AUSSUCHEN,
OB WIR VERLETZT
WERDEN ODER NICHT.
DAS EINZIGE, DAS
WIR BESTIMMEN KÖNNEN,
IST VON WEM.

SICH ZU VERLIEBEN IST
EINFACH, ABER VERLIEBT
ZU BLEIBEN EINE KUNST.

WIR WISSEN NIE, WOZU WIR
FÄHIG SIND, BIS WIR BESCHLIESSEN,
AUFZUSTEHEN UND ES ZU VERSUCHEN.

DIESE UNGEWISSHEIT, OB ES
SICH LOHNT ZU WARTEN ODER OB
ES SINNVOLLER WÄRE, LOSZULASSEN.

the End

DEINE LIEBLINGSSPRÜCHE

_____

_____

_____

_____

_____

_____

_____

_____

_____

_____

_____

_____

_____

_____

_____

_____

_____

_____

ÜBER DIE AUTORIN

Laura Chouette veröffentlichte 2017 ihre Debut-Kurzgeschichte »The Green Grove« in Form eines E-Books. Seither schrieb sie an weiteren Kurzgeschichten, die in den Genren »Dark Fantasy« und »Horror« einzuordnen sind.

2018 veröffentlichte sie ihr erstes englisches Buch (The Painting of Mrs. Ravensbrook).

Die Autorin lebt in Österreich.

Printed in Great Britain
by Amazon